Der Venezia-Stern zeichnet sich durch seine schlanken und spitzen Zacken aus und kommt auf diese Weise sehr elegant daher. Er ist sozusagen die vereinfachte Weiterentwicklung des Aurelio-Sterns. Neu ist, dass die einzelnen Zuschnitte einfach aufeinandergeklebt und nur wenig gefaltet werden – das erleichtert und beschleunigt Ihnen das Zusammensetzen.

Das Besondere an den Venezia-Sternen ist, dass Sie mit jedem der abgebildeten Sternzuschnitte, egal ob klein oder groß, stumpf oder spitz, alle Sternmodelle nach Belieben umarbeiten können. Dabei sind viele Farbvariationen möglich, denn der Handel bietet eine Vielzahl unterschiedlicher Papiere an, einfarbig oder mit bunten Mustern bedruckt. Sterne mit einem anderen Dekor können auch saisonneutral das ganze Jahr über im Wohnbereich aufgehängt werden.

Ich wünsche Ihnen viel Spaß mit meiner neuen Sternen-Kreation!

Arbeitsanleitung achtzackiger Stern

Jeder achtzackige Stern wird aus 12 Zuschnitten zusammengeklebt. Beim Zusammenkleben des Sterns ist zu beachten, dass die Zacken, egal wie man den Stern auch dreht, immer Vierergruppen bilden. Ist eine Dreier- oder Fünfergruppe darunter, den letzten Zuschnitt sofort wieder lösen.

Es gibt mehrere Möglichkeiten, die Zuschnitte zu einem achtzackigen Stern zusammenzukleben. Auf den Arbeitsschrittfotos und auf der DVD wird anstelle von Alleskleber doppelseitiges Klebeband verwendet. Das Klebeband jeweils auf dem größeren, mit einem schwarzen Punkt (siehe Vorlage) markierten Randstreifen anbringen.

1a

1b

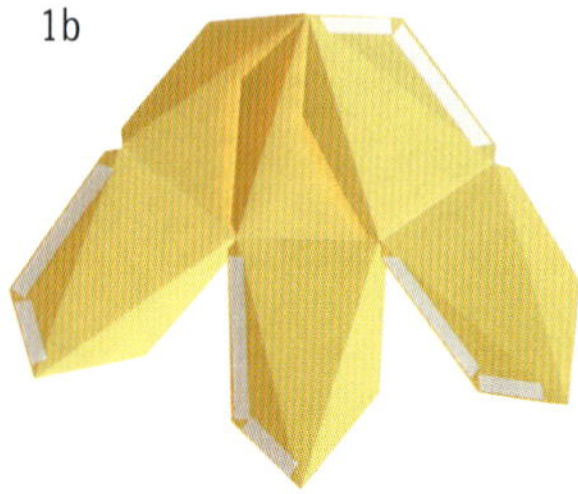

1c

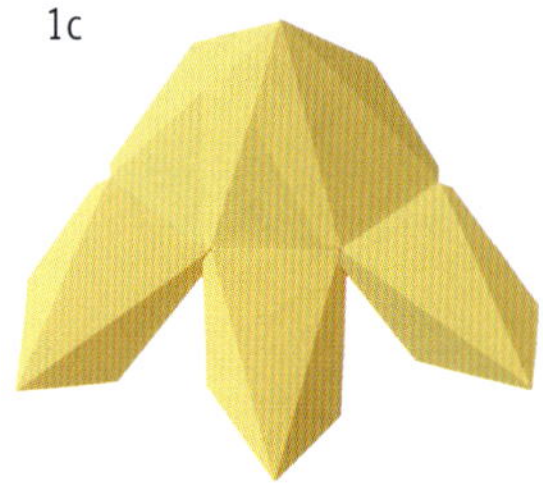

1 Zwei Sternzuschnitte zusammenkleben (1a), den dritten Zuschnitt ergänzen (1b) und das Ganze wenden (1c).

2

2 Die Zuschnitte zu einem Zacken zusammenkleben.

3a

3b

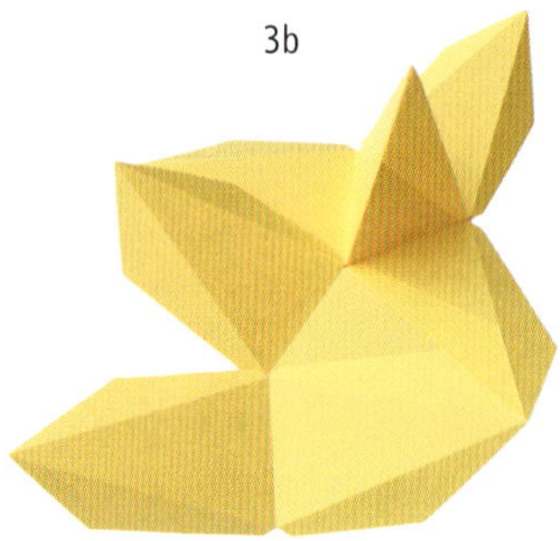

3c

3 An der linken Seite der rechten Zuschnittspitze den vierten (3a) und daran den fünften Zuschnitt ankleben (3b) und den zweiten Zacken fertigen (3c).

4a

4b

4c

4 An der linken Seite der rechten Zuschnittspitze den sechsten Zuschnitt ankleben (4a). Daran den siebten Zuschnitt fixieren (4b) und dann den dritten Zacken kleben (4c).

5a

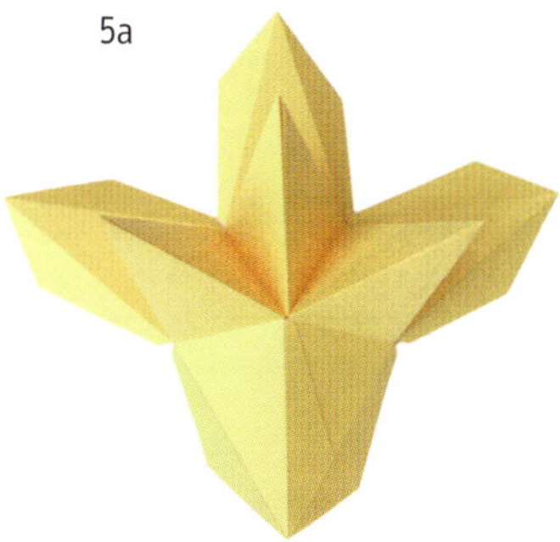

5b

5c

5 Die beiden nach vorne zeigenden Spitzen zusammenkleben (5a). An der linken Seite dieser breiten Spitze den achten Zuschnitt ankleben (5b). Nun daraus den vierten Zacken formen (5c).

Weiter geht es auf Seite 4

6a

6b

6 Das Ganze wenden (6a). Zwischen den beiden vorderen Spitzen quer den neunten Zuschnitt aufkleben (6b). Zwischen den Spitzen auf der rechten und dann auf der linken Seite diesen Vorgang mit dem zehnten und elften Zuschnitt wiederholen (6c und 6d).

6c

6d

7

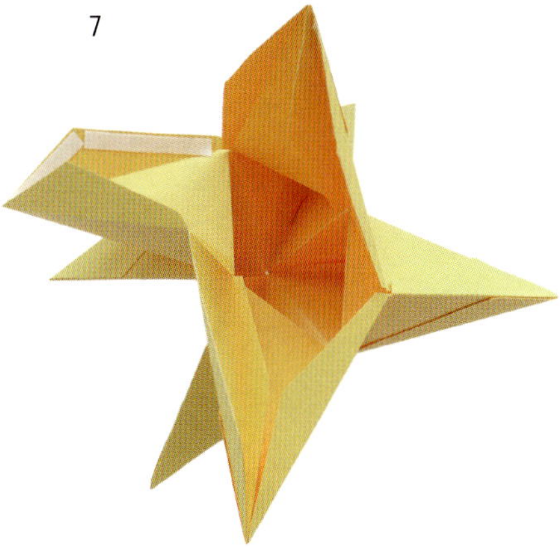

8

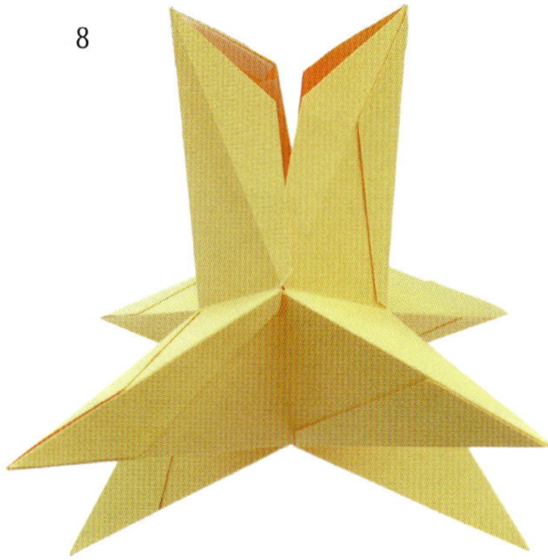

7 Die rechte vordere Seite zum fünften Zacken zusammenkleben.

8 Die linke vordere Seite zum sechsten Zacken zusammenkleben.

9a

9b

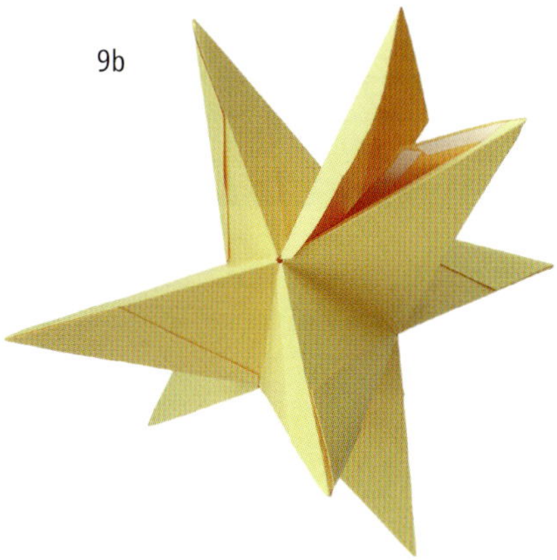

9c

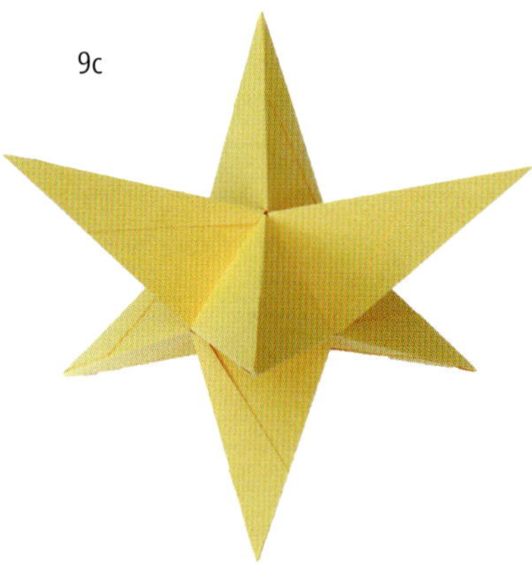

9 Zwischen die beiden nach oben ragenden Spitzen muss nun quer der letzte Zuschnitt eingefügt werden. Dazu den letzten Zuschnitt von vorne an der linken Spitze ankleben (9a). Den Zuschnitt zwischen die beiden nach oben ragenden Spitzen klappen und den siebten Zacken kleben (9b). Der achte Zacken ist noch geöffnet und wird nun zusammengeklebt (9c). Vergessen Sie nicht den Nylonfaden einzulegen (siehe Anleitung auf Umschlagseiten), falls Sie den Stern aufhängen möchten.

Stern im Indian Style

mit violetten Ranken und kupferfarbenen Glitterblüten

DURCHMESSER
ca. 35 cm

MATERIAL

* 12 Streifen handgeschöpftes Naturpapier in Schwarz, Indian Style „Shiva" mit Ranken und Glitterblüten, 100 g/m², 30 cm x 7 cm oder 29 cm x 7 cm (aus A4-Bogen zugeschnitten)
* 12 Glaswachsperlen in Violett, ø 3 mm
* 12 Rocailles in Violett, ø 2,6 mm
* 7 Glasschliffperlen in Amethyst, 6 mm x 4 mm

VORLAGE
Bogen 1A+2A

Für die Zuschnitte dieses Sterns verwenden Sie die Vorlage mit den Maßen 30 cm x 7 cm bzw. 29 cm x 7 cm. Orientieren Sie sich beim Zusammensetzen der Zuschnitte an der Arbeitsanleitung auf den Seiten 2–5.

Sterne über Sterne

aus orangefarbenem Transparentpapier

DURCHMESSER
ca. 35 cm

VORLAGE
Bogen 1A+2A

MATERIAL
* 12 Streifen Transparentpapier in Orange mit Sternmuster, 30 cm x 7 cm oder 29 cm x 7 cm (aus A4-Bogen zugeschnitten)

Für die Zuschnitte dieses Sterns verwenden Sie die Vorlage mit den Maßen 30 cm x 7 cm bzw. 29 cm x 7 cm. Orientieren Sie sich beim Zusammensetzen der einzelnen Zuschnitte an der Arbeitsanleitung auf den Seiten 2–5.

Hinweis: Das Transparentpapier vor dem Falten bitte nicht anritzen.

Um die exakte Position des Schneekristalls zu ermitteln, beachten Sie bitte auch die Anleitung unter Punkt 2 und 3.

Edler Stern in Weiß

mit ausgestanzten Schneekristallen

DURCHMESSER
ca. 35 cm

MATERIAL
* 12 Streifen Strukturpapier in Weiß, 135 g/m², 30 cm x 7 cm oder 29 cm x 7 cm (aus A4-Bogen zugeschnitten)
* Motivlocher: Schneekristall, ø 1,2 cm

VORLAGE
Bogen 1A+2A

1 Für die Zuschnitte dieses Sterns verwenden Sie die Vorlage mit den Maßen 30 cm x 7 cm bzw. 29 cm x 7 cm. Orientieren Sie sich beim Zusammensetzen der einzelnen Zuschnitte an der Arbeitsanleitung auf den Seiten 2–5.

2 Um die Schneekristalle aus den Zuschnitten auszustanzen, werden diese zusätzlich längs in der Mitte angeritzt und gefaltet. Als Vorlage verwenden Sie die Schablone mit den beiden großen Dreiecken. Die Dreiecke aus der Schablone herausschneiden. Die Schneekristalle unbedingt innerhalb dieser Dreiecke ausstanzen, da sie sonst eventuell teilweise von den Klebeflächen der Nachbarzuschnitte verdeckt werden könnten.

3 Den Zuschnitt längs falten, die Schablone auflegen und dann mit dem Bleistift oder mit dem Cutter den Mittelpunkt des Schneekristalls markieren. Die Schablone abnehmen, den Motivlocher umdrehen und so auf den längs gefalteten Zuschnitt schieben, dass sich der Mittelpunkt des Lochers unter dem markierten Punkt auf dem Zuschnitt befindet. Lochen und aufklappen.

Kleine Sternanhänger

aus rot-goldenem Transparentpapier

DURCHMESSER
ca. 10 cm

MATERIAL
* 4 oder 8 Streifen Transparent-papier in Rot-Gold, 10 cm x 3 cm
* Motivlocher: Blüte, ø 1,5 cm

VORLAGE
Bogen 1B

1 Für die Zuschnitte dieser Sterne verwenden Sie die Vorlage mit den Maßen 10 cm x 3 cm.

2 Das rote Transparentpapier ist einseitig goldfarben bedruckt. Den A4-Bogen quer in neun Streifen, 21 cm lang und 3 cm breit, schneiden. Aus jedem dieser Streifen können zwei Sternzuschnitte zugeschnitten werden. Sie können entweder einen achtzackigen Stern aus vier Zuschnitten arbeiten oder aber zwei dieser achtzackigen Sterne versetzt aufeinanderkleben.

3 Da die beiden Papierseiten unterschiedlich gefärbt sind, wird vor dem Anritzen festgelegt, welche Seite oben bzw. vorne ist. Der Stern auf den Arbeitsschrittfotos wird auf der goldenen Seite angeritzt. Den Zuschnitt wenden und die Randstreifen umklappen. Die Randstreifen werden in einer bestimmten Reihenfolge umgeklappt. Zuerst den linken Randstreifen in der oberen Zuschnitthälfte nach rechts und dann den rechten nach links klappen. In der unteren Hälfte ist es genau umgekehrt. Alle weiteren Zuschnitte ebenso falten. Auf die Faltlinie genau in der Mitte eines gefalteten Zuschnitts ein Stück doppelseitiges Klebeband kleben.

3

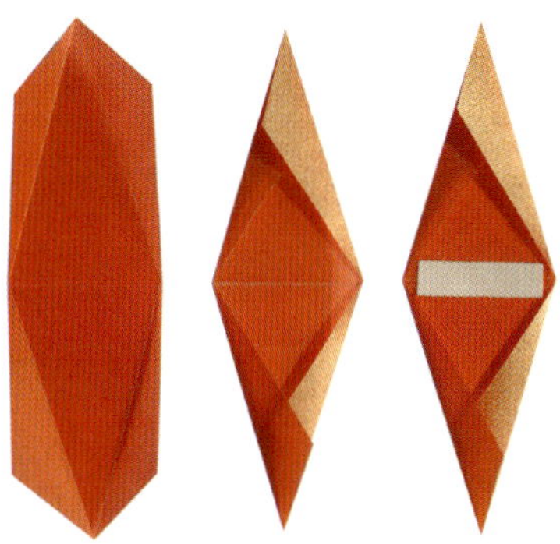

4 Den Abdeckstreifen vom Klebeband abziehen und genau im rechten Winkel einen zweiten Sternzuschnitt auflegen. Damit dies genau im 90°-Winkel geschieht, einfach die Teile auf kariertes Papier legen und daran ausrichten. Dasselbe nochmals mit zwei weiteren Zuschnitten wiederholen. In die Mitte eines dieser vierzackigen Sterne ein Stück Klebeband kleben.

4

5 Die beiden vierzackigen Sterne versetzt aufeinanderkleben. Von einem Papierreststück mit dem Motivlocher eine Blüte ausstanzen und mit Alleskleber in die Mitte des Sterns kleben.

5

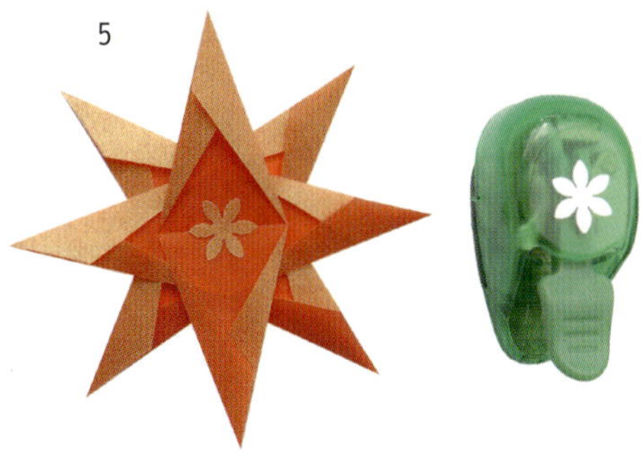

6 Zwei dieser Sterne können nochmals versetzt aufeinandergeklebt werden.

6

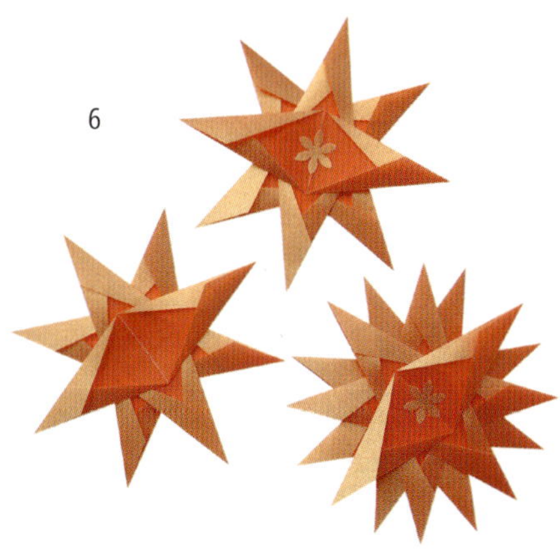

Arbeitsanleitung zwanzigzackiger Stern

Jeder zwanzigzackige Stern wird aus 30 Zuschnitten zusammengesetzt. Beim Zusammenkleben des Sterns ist zu beachten, dass die Zacken, egal wie man den Stern auch dreht, immer Fünfergruppen bilden. Ist eine Vierer- oder Sechsergruppe darunter, den letzten Zuschnitt sofort wieder lösen. Es gibt mehrere Möglichkeiten, die Zuschnitte zu einem zwanzigzackigen Stern zusammenzukleben.

Die Randstreifen, auf die Alleskleber oder doppelseitiges Klebeband aufgebracht wird, sind etwas größer und mit einem schwarzen Punkt markiert (siehe Vorlage). Auf den Arbeitsschrittfotos wird anstelle von Alleskleber doppelseitiges Klebeband verwendet. Um Ihnen das Zusammensetzen besser zu veranschaulichen, wird der Stern hier aus gelben und roten Zuschnitten gearbeitet.

1a

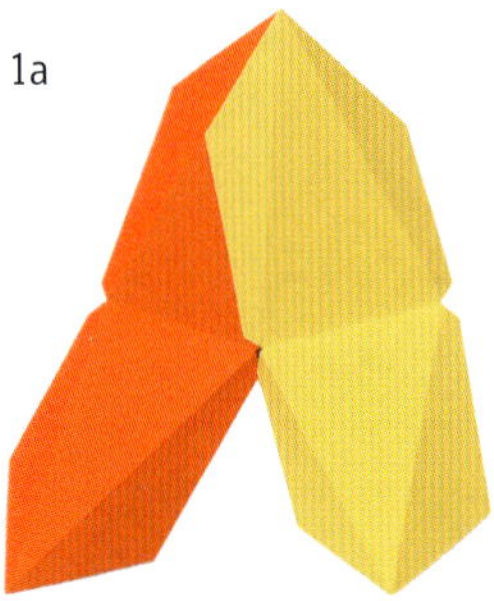

1b

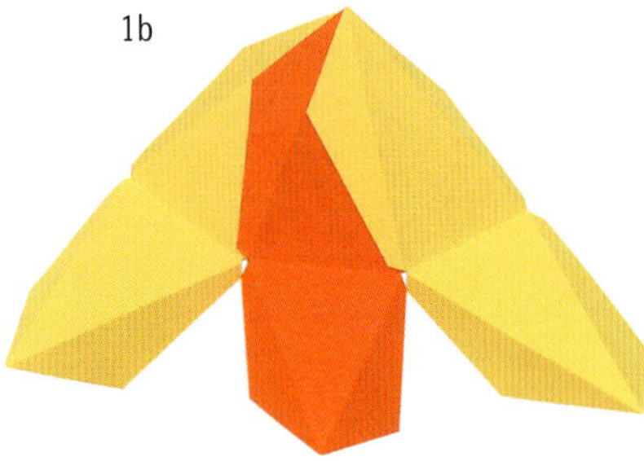

1c

1 Zwei Zuschnitte zusammenkleben (1a), den dritten ergänzen (1b) und daraus den ersten Zacken kleben (1c).

2a

2b

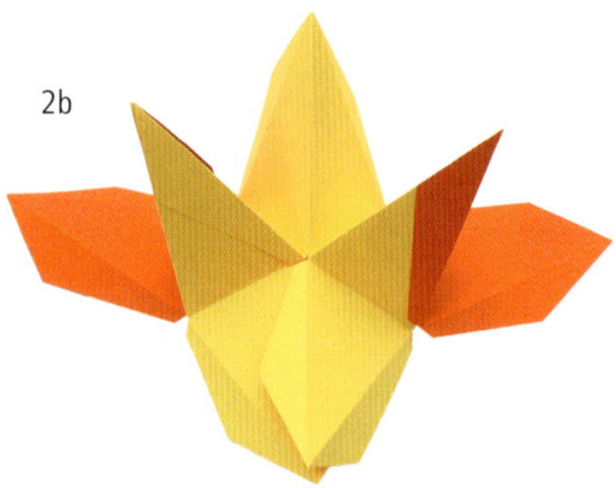

2 Einen zweiten Zacken anfertigen. Die beiden Zacken nebeneinanderstellen (2a) und die nach hinten weisende Spitze des linken Zackens mit der des rechten Zackens verbinden. Die beiden nach vorne weisenden Spitzen überkreuzen sich dadurch (2b).

3a

3b

3 An der rechten nach vorne weisenden Spitze auf der linken Seite quer einen Zuschnitt ankleben (3a). Diesen Zuschnitt auch an der linken Spitze ankleben (3b).

4a

4b

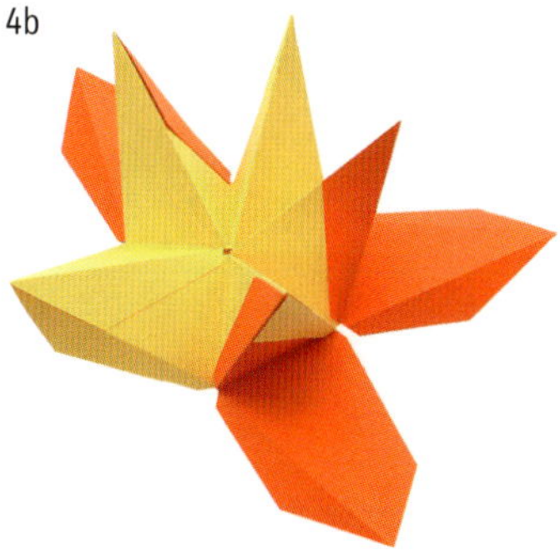

4 An der jetzt doppelt so breiten rechten Spitze auf der linken Seite einen roten Zuschnitt anbringen (4a). Den Zuschnitt dann nach rechts klappen und den dritten Zacken kleben (4b).

5a

5b

5 Den vierten (5a) und fünften Zacken ebenso arbeiten (5b).

6a

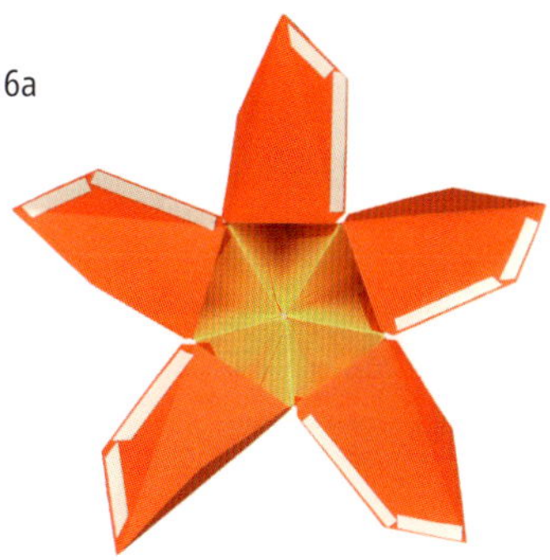

6b

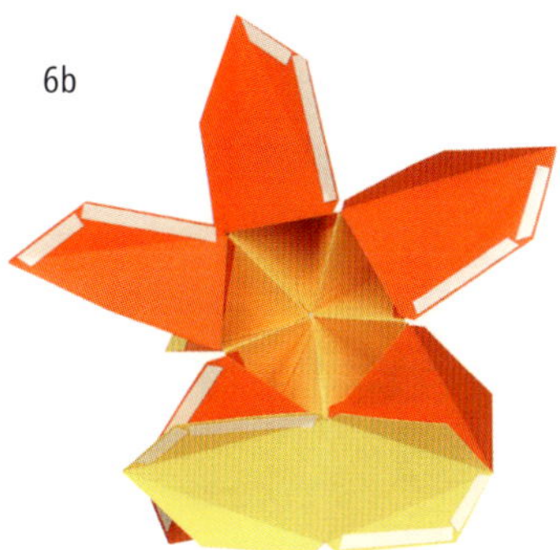

6c

6d

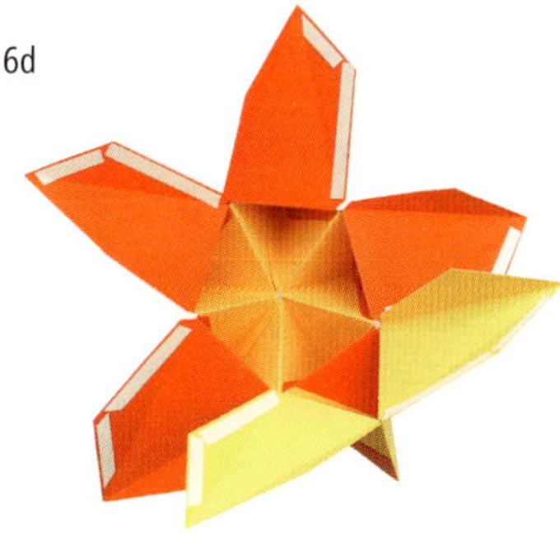

6 Das Ganze wenden (6a). An der rechten vorderen Spitze auf der linken Seite quer einen gelben Zuschnitt ankleben (6b). Auf den rechten roten Zuschnitt einen zweiten gelben Zuschnitt anbringen (6c). Diese beiden gelben Zuschnitte miteinander verbinden und dadurch den sechsten Zacken arbeiten (6d).

Weiter geht es auf Seite 14

7a

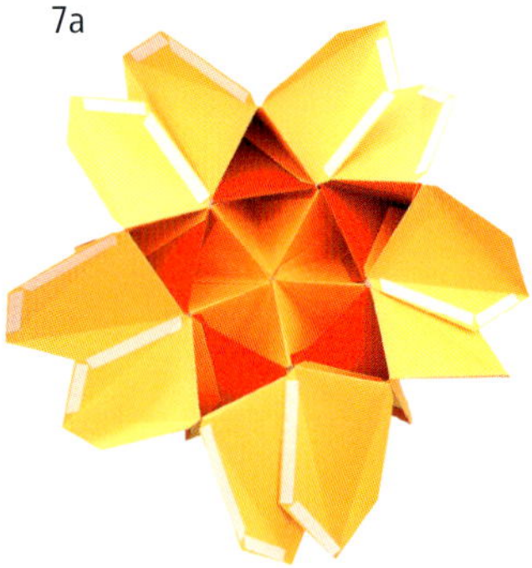

7b

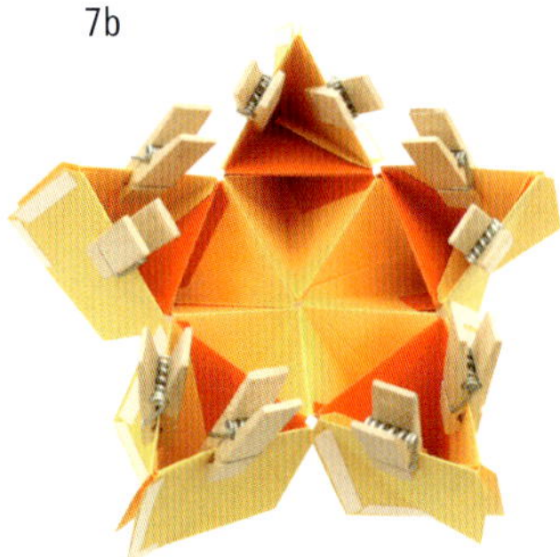

7 An die restlichen vier roten Spitzen jeweils zwei gelbe Zuschnitte ankleben. Auf dem Foto sehen Sie den inneren Ring aus fünf roten Zacken. Daran schließt sich nach außen hin ein Ring mit fünf gelben Zacken an (7a). Zur besseren Übersicht werden die zehn gelben nach außen weisenden Spitzen mit Klammern fixiert (7b).

8a

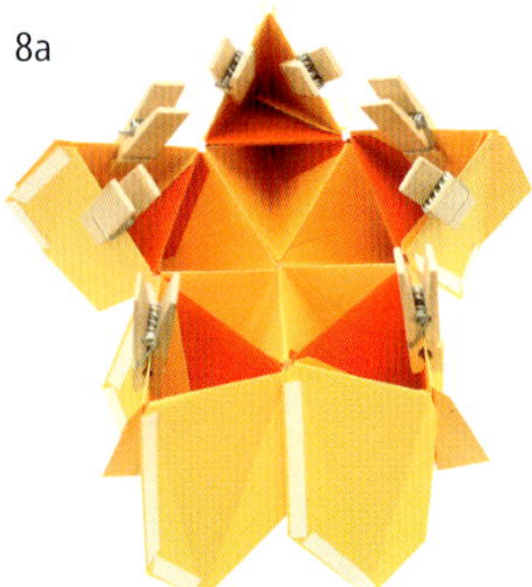

8b

8c

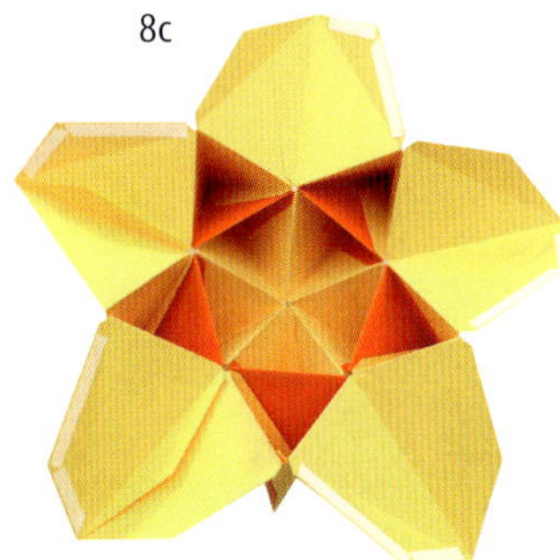

8 Von den beiden nach vorne weisenden gelben Spitzen die Klammern lösen (8a). Diese beiden Spitzen zu einer breiten Spitze zusammenkleben (8b). Rundum noch viermal wiederholen. Sie haben jetzt fünf breite Spitzen (8c).

9a

9b

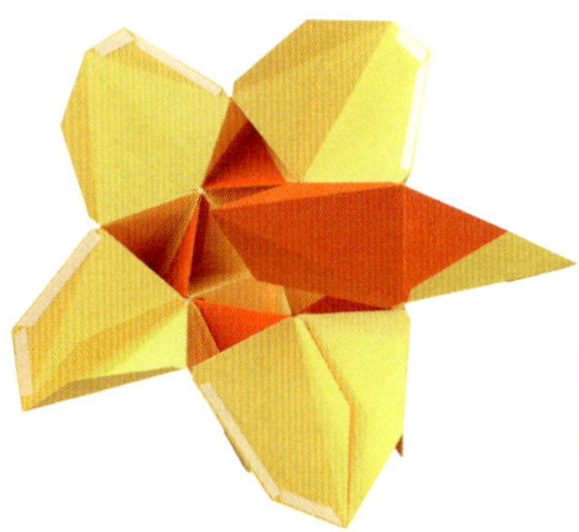

9c

9 Am oberen Rand der rechten Spitze einen roten Zuschnitt von außen ankleben (9a). Den roten Zuschnitt nach unten klappen und mit dem gelben Zuschnitt verbinden (9b). So entsteht der elfte Zacken. Die Spitze des roten Zuschnitts weist nach links. Diese Spitze nach rechts umklappen (9c).

10a

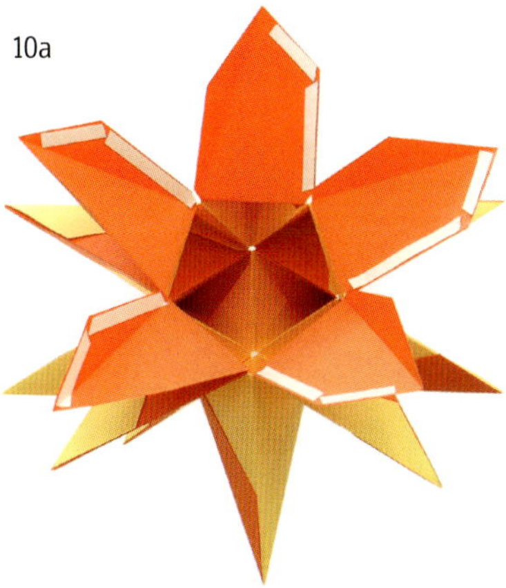

10b

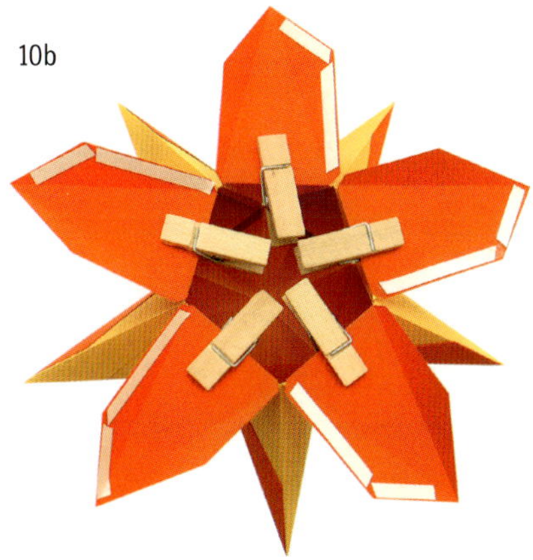

10 Diesen Schritt rundherum viermal wiederholen (10a). Jetzt haben Sie drei Runden mit jeweils fünf Zacken gearbeitet. Zur besseren Übersicht werden die roten Spitzen wieder geklammert (10b).

11a

11b

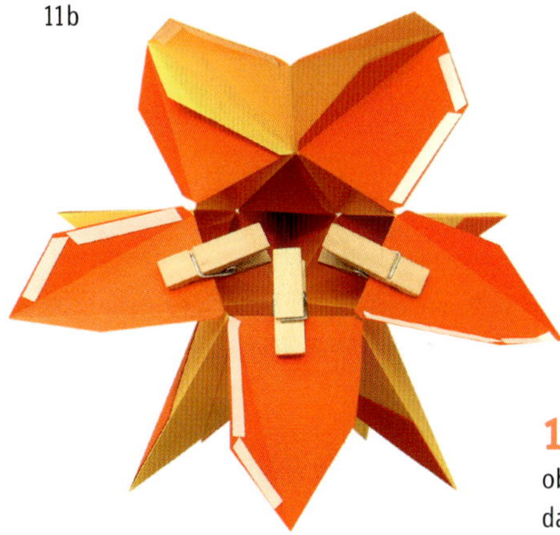

11c

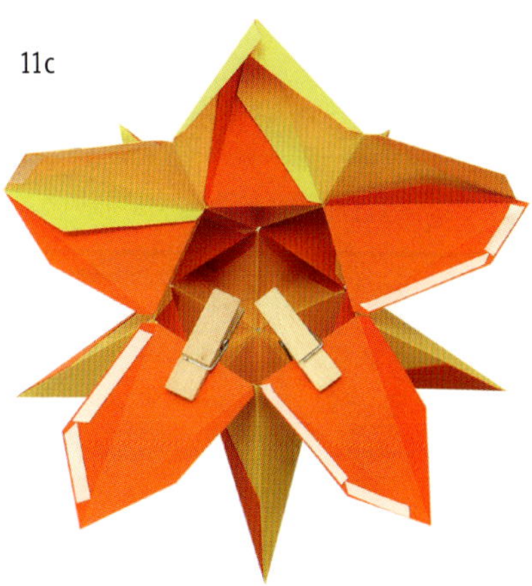

11d

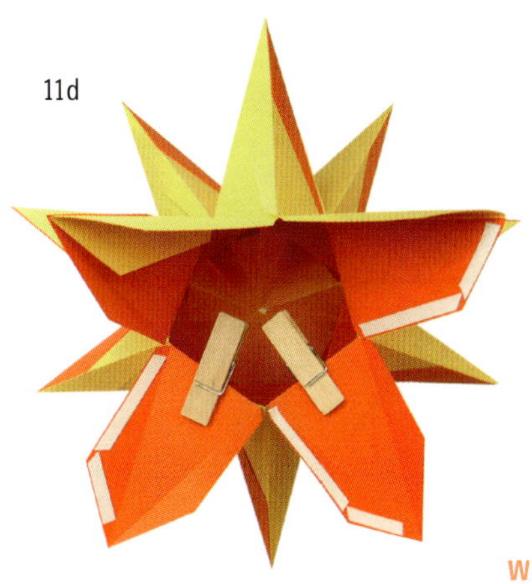

11 Die Klammer an der oberen Spitze lösen und daran einen gelben Zuschnitt ankleben (11a). Die rechte Klammer lösen und den gelben Zuschnitt von außen an der Nachbarspitze ankleben (11b). Eine weitere Klammer lösen und einen zweiten gelben Zuschnitt anbringen (11c). Die beiden gelben Zuschnitte zum sechzehnten Zacken zusammenkleben (11d).

Weiter geht es auf Seite 16

12a

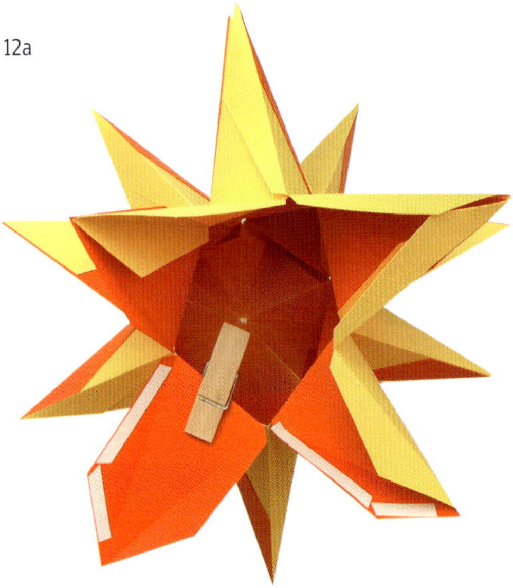

12b

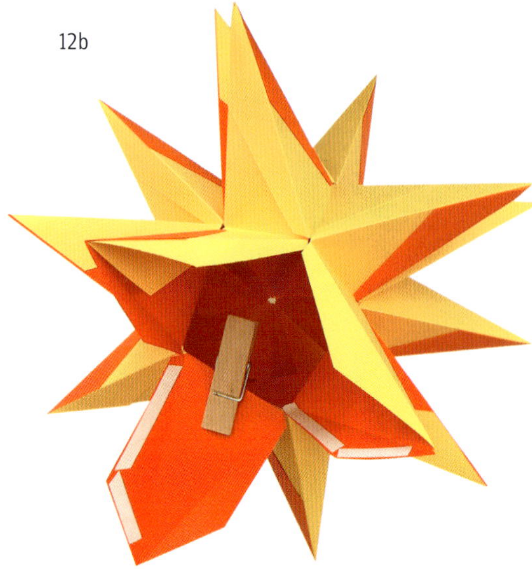

12 Die nächste Klammer lösen und einen weiteren gelben Zuschnitt anbringen (12a). Daraus den siebzehnten Zacken bilden (12b). Die letzte Klammer lösen und den vorletzten Zuschnitt anbringen (12c). Den achtzehnten Zacken kleben (12d). Der letzte Zuschnitt muss in die Spalte eingefügt werden, um die beiden letzten Zacken zu bilden. Den Zuschnitt auf der rechten Seite ankleben, dann in den Spalt klappen und ankleben (12e–g).

12c

12d

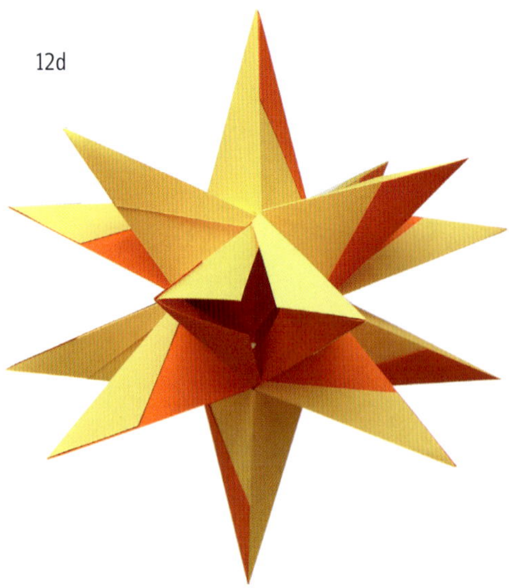

12e

12f

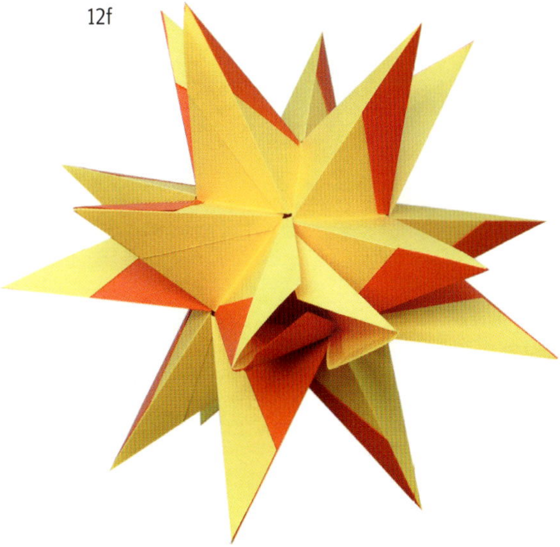

12g

Prachtvolle Venezia-Sterne

in Brauntönen

DURCHMESSER
ca. 41 cm (großer Stern)

MATERIAL STERNE MIT GLITTERSTREIFEN UND GLITTERBLÜTEN

* je 30 Streifen handgeschöpftes Naturpapier in Dunkelbraun, Indian Style „Durva" mit Glitterstreifen oder Glitterblüten, 100 g/m², 30 cm x 7 cm oder 29 cm x 7 cm (aus A4-Bogen zugeschnitten)

STERN MIT SEHR SPITZEN ZACKEN

* 30 Streifen Crush-Papier in Kupfer-Rot, 120 g/m², 29 cm x 5 cm (aus A4-Bogen zugeschnitten)

VORLAGE
Bogen 1A+2A

Sterne mit Glitterstreifen und Glitterblüten

Für die Zuschnitte dieser Sterne verwenden Sie die Vorlage mit den Maßen 30 cm x 7 cm oder 29 cm x 7 cm. Orientieren Sie sich beim Zusammensetzen der einzelnen Zuschnitte an der Arbeitsanleitung auf den Seiten 12–17.

Hinweis: **Die Sterne kommen mit diesen handgeschöpften Naturpapieren sehr schön zur Geltung. Beachten Sie jedoch, dass sich der Glitter leicht löst und überallhin verteilt. Arbeiten Sie daher am besten auf einem leicht zu reinigenden Untergrund.**

Stern mit sehr spitzen Zacken

Für die Zuschnitte dieses Sterns verwenden Sie die Vorlage mit den Maßen 29 cm x 5 cm. Orientieren Sie sich beim Zusammensetzen der einzelnen Zuschnitte an der Arbeitsanleitung auf den Seiten 12–17.

Anmutig in Weiß

mit goldenen Ranken

DURCHMESSER
ca. 41 cm

MATERIAL
* 30 Streifen handgeschöpftes Naturpapier in Creme-Weiß, Indian Style „Chadna" mit Ranken, 100 g/m², 30 cm x 7 cm oder 29 cm x 7 cm (aus A4-Bogen zugeschnitten)

VORLAGE
Bogen 1A+2A

Orientieren Sie sich beim Zusammensetzen der einzelnen Zuschnitte an der Arbeitsanleitung auf den Seiten 12–17.

Meine Tipps für Sie

Die richtige Wahl des Klebstoffs Der Stern kann sowohl mit Alleskleber als auch mit doppelseitigem Klebeband gearbeitet werden. Wenn Sie das Klebeband verwenden, müssen Sie beachten, dass sich die mit Klebeband fixierten Zuschnitte nicht spurlos voneinander lösen lassen. Bei der Verwendung von Klebeband empfiehlt es sich, die letzten fünf Sternzuschnitte mit Alleskleber zu fixieren, denn so lassen sich die Zuschnitte besser in die richtige Position schieben.

Kleinere Variante Der Stern kann auch mit 15 cm oder 21 cm langen und 7 cm breiten Zuschnitten gearbeitet werden. Die Zacken sind dann kürzer und stumpfer und der Stern lässt sich leichter zusammenkleben.

Weniger Zacken Natürlich ist auch ein achtzackiger Stern mit den verschiedenen Zuschnitten möglich.

Bunt gemusterte Sterne

mal groß, mal klein

DURCHMESSER
ca. 31 cm (Stern mit Punkten und Streifen)
ca. 25 cm (Stern mit Blüten)

MATERIAL

STERN MIT PUNKTEN UND STREIFEN

* 30 Streifen handgeschöpftes Naturpapier in Schwarz, Indian Style „Shiva“ mit Punkten und Streifen, 100 g/m², 21 cm x 7 cm (aus A4-Bogen zugeschnitten)

STERN MIT BLÜTEN

* 30 Streifen handgeschöpftes Naturpapier in Schwarz, Indian Style „Shiva“ mit Blüten, 100 g/m², 15 cm x 7 cm (aus A4-Bogen zugeschnitten)

VORLAGE
Bogen 1B

Orientieren Sie sich beim Zusammensetzen der einzelnen Zuschnitte an der Arbeitsanleitung auf den Seiten 12–17.

Meine Tipps für Sie

Verschieden große Sterne Der Stern mit Punkten und Streifen kann auch mit 15 cm oder 29 cm bzw. 30 cm langen und 7 cm breiten Zuschnitten gearbeitet werden. Die Zacken sind dann kürzer oder länger und der Stern dementsprechend kleiner oder größer. Der Stern mit Blüten kann auch mit 21 cm oder 29 cm bzw. 30 cm langen und 7 cm breiten Zuschnitten gearbeitet werden. Die Zacken sind dann länger und der Stern dadurch größer.

Weniger Zacken Natürlich sind auch achtzackige Sterne mit den verschiedenen Zuschnitten möglich.

Strahlend schön

für eine angenehme Atmosphäre

DURCHMESSER
ca. 41 cm

MATERIAL
* 30 Streifen Tonkarton in Rot, 30 cm x 7 cm oder 29 cm x 7 cm (aus A4-Bogen zugeschnitten)
* Transparentpapier in Orange, A4
* LED-Lichterkette

VORLAGE
Bogen 2A

Orientieren Sie sich beim Zusammensetzen der einzelnen Zuschnitte an der Arbeitsanleitung auf den Seiten 12–17.

1 Für die Zuschnitte dieses Sterns verwenden Sie die Vorlagen mit den Maßen 30 cm x 7 cm bzw. 29 cm x 7 cm.

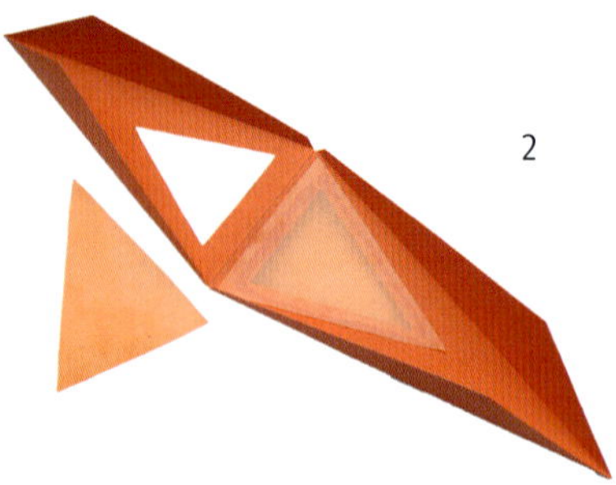

2

2 Aus der Zuschnittschablone auch die dreieckige Innenfläche ausschneiden. Die Zuschnitte zuschneiden, anritzen und falten. Die dreieckigen Innenflächen ebenfalls ausschneiden. Sie benötigen 58 dreieckige Transparentpapierstücke, die Sie mithilfe der Dreieckschablone ausschneiden und auf die gefalteten Sternzuschnitte kleben. Ein Sternzuschnitt bleibt ohne Transparentpapier.

3 Den Stern anschließend nacheinander zusammensetzen. Auf dem Foto fehlt noch der letzte Sternzuschnitt.

3

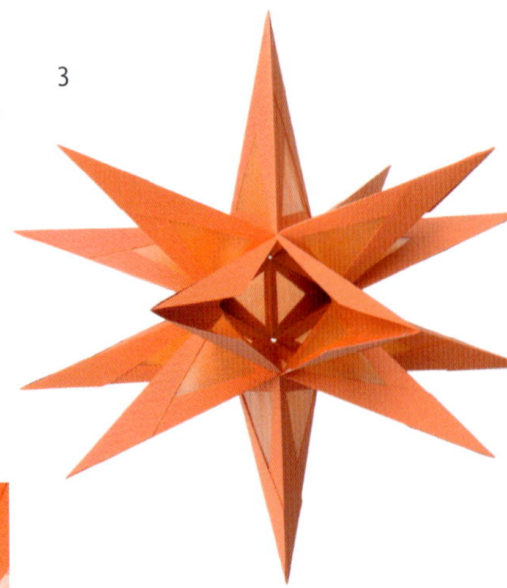

4 Den letzten Sternzuschnitt ohne Transparentpapier ankleben. Durch die beiden Öffnungen führen Sie das Kabel der Lichterkette ein. Der Steg, der sich zwischen den beiden dreieckigen Öffnungen befindet, kann von innen zusätzlich noch mit einem oder mehreren aufgeklebten Pappstreifen verstärkt werden.

4

Flache Sterne

mit Blüten und Tannen

DURCHMESSER
ca. 20 cm

MATERIAL
* je 11 Streifen Glanzpapier in Rot oder Chamois, 120 g/m², 10 cm x 3 cm
* Motivlocher: Blüte, ø 1,5 cm, oder Tanne, ø 1,2 cm

VORLAGE
Bogen 1B

1 Für die Zuschnitte dieser Sterne verwenden Sie die Vorlage mit den Maßen 10 cm x 3 cm. Den A4-Bogen quer in neun Streifen, 21 cm lang und 3 cm breit, schneiden. Aus jedem dieser Streifen können Sie zwei Sternzuschnitte ausschneiden.

2 Den Sternzuschnitt in der Mitte falten. Die Mitte der Faltlinie entweder mit dem Cutter oder mit dem Bleistift markieren und in den zuvor umgedrehten Motivlocher einstecken. Bei der Tanne sollte das Stammende unten etwas überstehen, sodass die Tannen miteinander verbunden sind, wenn der Zuschnitt geöffnet ist. Bei der Blüte ebenfalls die Mitte der Faltlinie markieren, den Sternzuschnitt jedoch nur so weit einstecken, dass die halbe Blüte sichtbar ist. Nach dem Öffnen ist die Blüte komplett.

2

3 Beim Anritzen bitte beachten, dass nur drei Randstreifen angeritzt und anschließend gefaltet werden (siehe Strichpunktlinie auf Vorlage). Nun den Sternzuschnitt wenden und den vierten Randstreifen mit dem schwarzen Punkt an der gestrichelten Linie anritzen und falten. Dieser auf die andere Seite gefaltete Randstreifen wird später mit Klebstoff bestrichen. Auf dem Foto befindet sich dieser Randstreifen rechts oben.

3

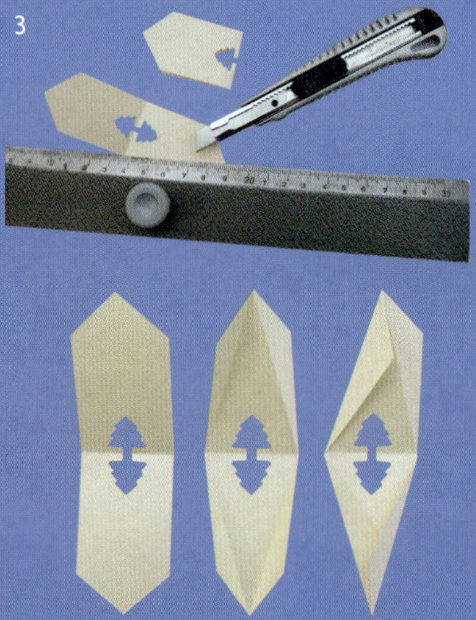

4 Den mit Klebstoff bestrichenen Randstreifen von hinten am zweiten Sternzuschnitt ankleben. Diesen Arbeitsschritt fortsetzen, bis alle elf Sternzuschnitte aneinandergeklebt sind. Zum Schluss schließen Sie die Zuschnitte zu einem Stern. Sollten Sie weniger als elf Zuschnitte verwenden, wölbt sich der Stern in der Mitte nach oben.

4

Kleine Spindeln

in Rot und Chamois

DURCHMESSER
ca. 20 cm

MATERIAL

* je 4, 5 oder 6 Streifen Glanzpapier in Rot und Chamois, 120 g/m², 10 cm x 3 cm
* Motivlocher: Schneekristall, ø 1,2 cm
* je 6–8 Sternperlen in Rot, ø 1,2 cm und Glasschliffperlen in Kristall oder Hellviolett, ø 8 mm
* Holzperle, ø 6 mm
* Nylonfaden

VORLAGE
Bogen 1B

1 Für die Zuschnitte dieser Spindeln verwenden Sie die Vorlage mit den Maßen 10 cm x 3 cm.

2 Den Sternzuschnitt in der Mitte falten. Die Mitte der Faltlinie entweder mit dem Cutter oder mit dem Bleistift markieren und in den vorher umgedrehten Motivlocher so weit einstecken, dass der halbe Schneekristall sichtbar ist.

Nach dem Stanzen und Öffnen des Zuschnitts ist der Schneekristall komplett.

2

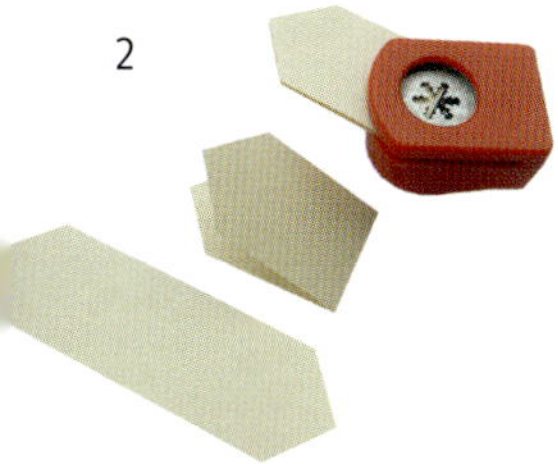

3 Nun die beiden Strichpunktlinien an den Seitenteilen anritzen und den Zuschnitt wenden und falten. Danach ritzen Sie die gestrichelten Linien an, wenden den Zuschnitt wieder und falten ihn. Diese beiden mit einem schwarzen Punkt markierten Randstreifen wieder aufklappen, mit Klebstoff bestreichen und auf die Vorderseite kleben. Den Randstreifen links oben mit Klebstoff bestreichen und von hinten an den zweiten Sternzuschnitt, der sich links daneben befindet, kleben.

3

4 Die beiden Sternzuschnitte auch unten zusammenkleben, d. h. vom linken Sternzuschnitt den Randstreifen rechts unten mit Klebstoff bestreichen und von außen am rechten Sternzuschnitt ankleben. Die halbe Spindelform ist fertig.

4

5 Den dritten Sternzuschnitt zuerst oben, dann unten ankleben.

5

6 Die Spindel drehen und den vierten Zuschnitt anbringen.

6

7 Für die Aufhängung die Holzperle, ø 6 mm, an einem Nylonfaden anbinden und in die Spindel einhängen. Dies sollte geschehen, bevor Sie die letzte Klebefläche mit Klebstoff bestreichen und die Spindel schließen. Mit einer Pinzette lassen sich die Klebestellen besser zusammendrücken.

7

8 Wenn Sie die Spindel schließen, können Sie die Klebeflächen entweder innen ankleben und beim Zusammendrücken durch die gestanzten Öffnungen fassen oder Sie kleben die Randstreifen einfach außen auf. Bei der letzten Alternative werden dadurch zwei Randstreifen übereinandergeklebt, evtl. kann der darunterliegende Randstreifen deshalb sichtbar sein.

8

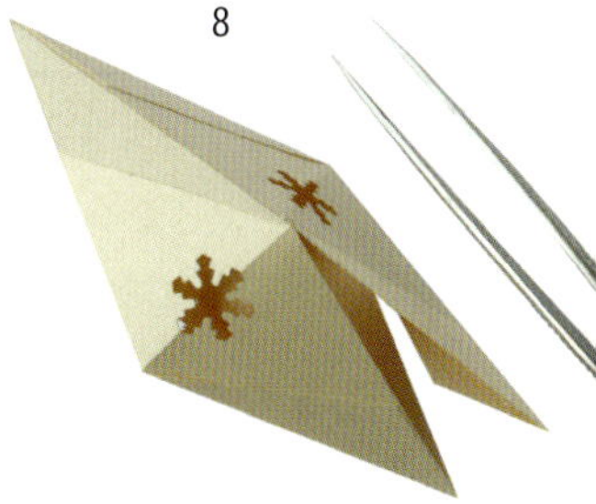

Halbplastische Sterne

in Orange und Chamois

DURCHMESSER

ca. 20 cm

MATERIAL

* je 14 Streifen Glanzpapier in Orange oder Chamois, einseitig glänzend, 120 g/m², 10 cm x 3 cm
* Motivlocher: Blüte, ø 1,5 cm, oder Tanne, ø 1,2 cm
* Mini-Wäscheklammern

VORLAGE

Bogen 1B

1 Für die Zuschnitte dieser Sterne verwenden Sie die Vorlage mit den Maßen 10 cm x 3 cm. Den A4-Bogen quer in neun Streifen, 21 cm lang und 3 cm breit, schneiden. Von jedem dieser Streifen können zwei Sternzuschnitte geschnitten werden.

2 Den Sternzuschnitt in der Mitte falten. Die beiden Strichpunktlinien links oben bzw. rechts unten anritzen, den Zuschnitt wenden und die beiden Randstreifen falten. Die beiden anderen gestrichelten Linien anritzen, den Zuschnitt wenden und die Randstreifen falten.

2

3 Den Faltabschnitt links oben, der nach hinten geklappt ist, nach links klappen, mit Klebstoff bestreichen und von hinten an den zweiten, ebenso gefalteten Sternzuschnitt kleben. Alle weiteren Zuschnitte auf die gleiche Weise anbringen

3

4 Sobald Sie den siebten Zuschnitt angeklebt haben, schließen Sie den Stern und arbeiten einen weiteren Stern auf die gleiche Weise.

4

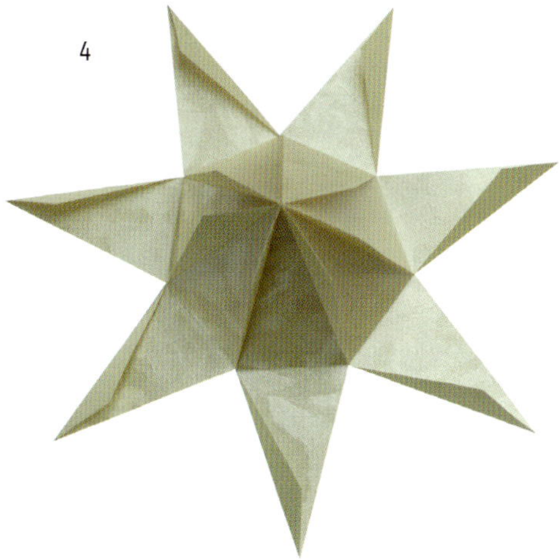

5 Die beiden Sterne versetzt aufeinanderlegen und mit Mini-Wäscheklammern fixieren. Nun einen Zacken umklappen, den Klebstoff an der Basis auftragen und erneut mit Mini-Wäscheklammern zum Trocknen fixieren. Diesen Arbeitsschritt rundum fortsetzen.

5

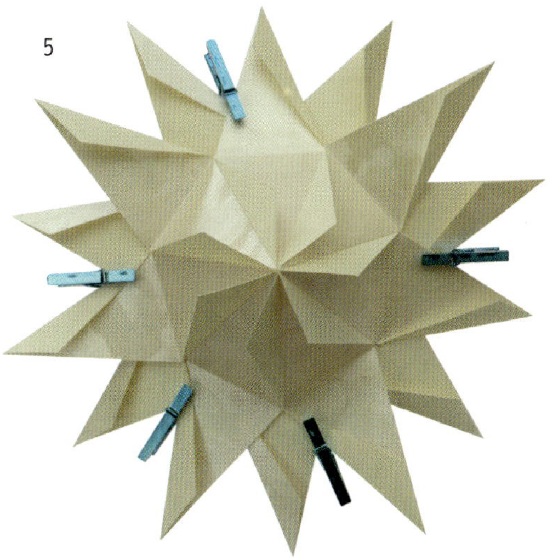

Armin Täubner lebt mit seiner Familie auf der Schwäbischen Alb und ist seit über 25 Jahren erfolgreich als ungemein vielseitiger Autor für den frechverlag tätig. Eigentlich ist er Lehrer für Englisch, Biologie und Bildende Kunst. Durch seine Frau, die unter ihrem Mädchennamen Inge Walz noch heute Bücher zu den verschiedensten Techniken im frechverlag veröffentlicht, kam der Allrounder zum Büchermachen. Zweifelsohne ein Glücksfall für die kreative Welt! Es gibt fast kein Material, das Armin Täubners Fantasie nicht beflügelt, und kaum eine Technik, die er sich nicht innerhalb kürzester Zeit angeeignet hat. Sein liebstes Material ist und bleibt aber Papier.

DANKE!

Der Autor dankt der Firma Ludwig Bähr, Kassel, für die freundliche Bereitstellung von Material.

TOPP – Unsere Servicegarantie

WIR SIND FÜR SIE DA! Bei Fragen zu unserem umfangreichen Programm oder Anregungen freuen wir uns über Ihren Anruf oder Ihre Post. Loben Sie uns, aber scheuen Sie sich auch nicht, Ihre Kritik mitzuteilen – sie hilft uns, ständig besser zu werden.

Bei Fragen zu einzelnen Materialien oder Techniken wenden Sie sich bitte an unseren Kreativservice, Frau Erika Noll.

mail@kreativ-service.info
Telefon 0 50 52 / 91 18 58

Das Produktmanagement erreichen Sie unter:

pm@frechverlag.de
oder:
frechverlag
Produktmanagement
Turbinenstraße 7
70499 Stuttgart
Telefon 07 11 / 8 30 86 68

LERNEN SIE UNS BESSER KENNEN! Fragen Sie Ihren Hobbyfach- oder Buchhändler nach unserem kostenlosen Kreativmagazin **Meine kreative Welt**. Darin entdecken Sie vierteljährlich die neuesten Kreativtrends und interessantesten Buchneuheiten.

Oder besuchen Sie uns im Internet! Unter **www.frechverlag.de** können Sie sich über unser umfangreiches Buchprogramm informieren, unsere Autoren kennenlernen sowie aktuelle Highlights und neue Kreativtechniken entdecken, kurz – die ganze Welt der Kreativität.

Kreativ immer up to date sind Sie mit unserem monatlichen **Newsletter** mit den aktuellsten News aus dem frechverlag, Gratis-Bastelanleitungen und attraktiven Gewinnspielen.

IMPRESSUM

FOTOS: frechverlag GmbH, 70499 Stuttgart; Fotostudio Ullrich & Co., Renningen; Armin Täubner (alle Arbeitsschrittfotos und Foto Seite 32)

PRODUKTMANAGEMENT UND LEKTORAT: Claudia Mack und Tina Becker

LAYOUT: Marta Abramczyk

DRUCK: frechdruck GmbH, 70499 Stuttgart

SPRECHER AUF DVD: Henrik van Ypsilon

FILMPRODUKTION: team.Werk. Die Filmproduktion GmbH, Stuttgart

Auflage:	5.	4.	3.			
Jahr:	2013	2012	2011	2010	2009	[Letzte Zahlen maßgebend]

ISBN 978-3-7724-3781-6 • Best.-Nr. 3781